»Bah! Welch' Unsinn du da sprichst. Die Seiten eines Buches vernichten? Da könntest du ja genauso gut versuchen, einen Gedanken ungedacht zu machen, ein Wort ungesagt. Du kannst diese Seiten zerreißen und sie anzünden – aber dennoch kannst du sie nicht vernichten. Irgendwo lungern die Geister dieser Seiten … und eines Tages werden sie wieder auftauchen.«

The Printer's Apprentice von H.D. Seatmore

DÖRLEMANN

Lea und Finn langweilen sich

Tom Reed

Alle Rechte vorbehalten

© 2022 Dörlemann Verlag AG, Zürich
Druck und Bindung: Grafisches Centrum Cuno GmbH & Co. KG, Calbe
Gedruckt auf Papier aus nachhaltiger Produktion
ISBN 978-3-03820-106-9
www.doerlemann.com

Lea und Finn langweilen sich.

»Es passiert nicht gerade viel auf dieser Seite«, sagt Lea.

»Zzzz«, döst Finn.

»Warum versuchen wir es nicht dort?«, sagt Lea und zeigt nach oben. »Vielleicht ist es da ja besser?«

Aber dort ist es auch nicht besser.

»Hier läuft einfach nichts«, sagt Finn. »Nichts.«

»Schau mal da drüben«, sagt Lea. »Dort ist eine neue Seite. Vielleicht läuft da etwas? Komm …«

Lea macht einen großen Sprung und landet auf der Seite gegenüber.

»Komm schon, Finn! Spring über den Spalt. Es ist nicht schwer.«

Finn hat kurze Beine, und springen mag er auch nicht.

Schon gar nicht über Spalten. Aber das würde er Lea nie verraten.

Finn nimmt Anlauf und konzentriert sich.

Lea ermutigt ihn.

Finn rennt los und macht einen großen Sprung …

… und verschwindet im Spalt.

»Finn! Finn!«, ruft Lea. »Wo bist du?«

Doch sie bekommt keine Antwort. Also springt sie ebenfalls in den Spalt.

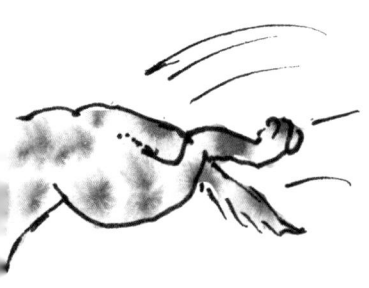

Im Spalt landet Lea im Meer.

»Hilfe! Finn! Wo bist du?«, ruft sie.

»Ich bin hier!«, ruft Finn zurück. »Lass uns abhauen. Schnell, in den Spalt zurück.«

Sie tauchen in den Spalt zurück.

Ehe sie sich versehen, sind sie im Weltraum.

»Woah! Keine Schwerkraft!«, sagt Lea.

»Das ist lustig!«, sagt Finn.

Aber nach einem Weilchen ist es nicht mehr lustig. Es ist kalt. Sehr kalt. Also tauchen sie in den Spalt zurück und landen anderswo …

… wo es sogar noch kälter ist.

»Brrr«, schlottert Lea.
»Lass uns h…hier weggehen, b…bevor wir steif ge…froren sind«, sagt Finn. »Z…Zurück in den S…Spalt. Rasch!«

Der nächste Ort ist viel besser.

»Da gefällt es mir«, sagt Finn und legt sich in den Sand.

»Auf jeden Fall!«, stimmt Lea zu.

»Wir müssen im Paradies sein«, sagt Finn. »All diese Blumen und kein einziges nerviges Insekt.«

Schon hören sie ein Summen …
und ein Insekt fliegt auf sie zu.

Es ist noch nicht weit gekommen, als eine riesige, schleimige Zunge aus dem Gebüsch schnellt und es schnappt.

Dann tauchen noch mehr Zungen auf.

Lea und Finn springen gerade noch rechtzeitig zurück in den Spalt.

»Das war grauenhaft«, sagt Finn.
»Wir müssen einen besseren Ort finden.«
Aber es ist gar nicht so einfach,
einen besseren
Ort zu finden.
Es ist entweder zu laut …

… oder zu überfüllt …

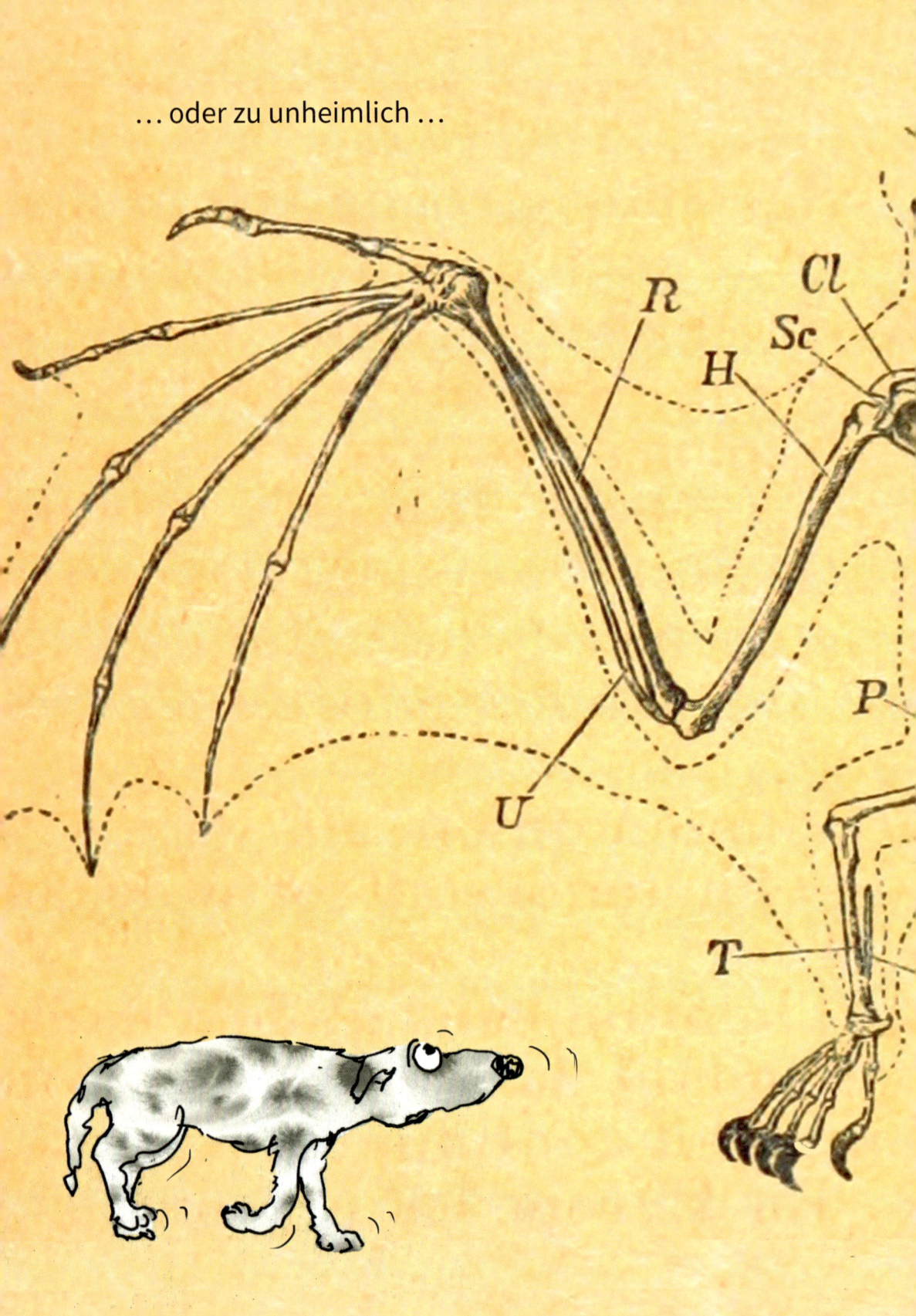
… oder zu unheimlich …

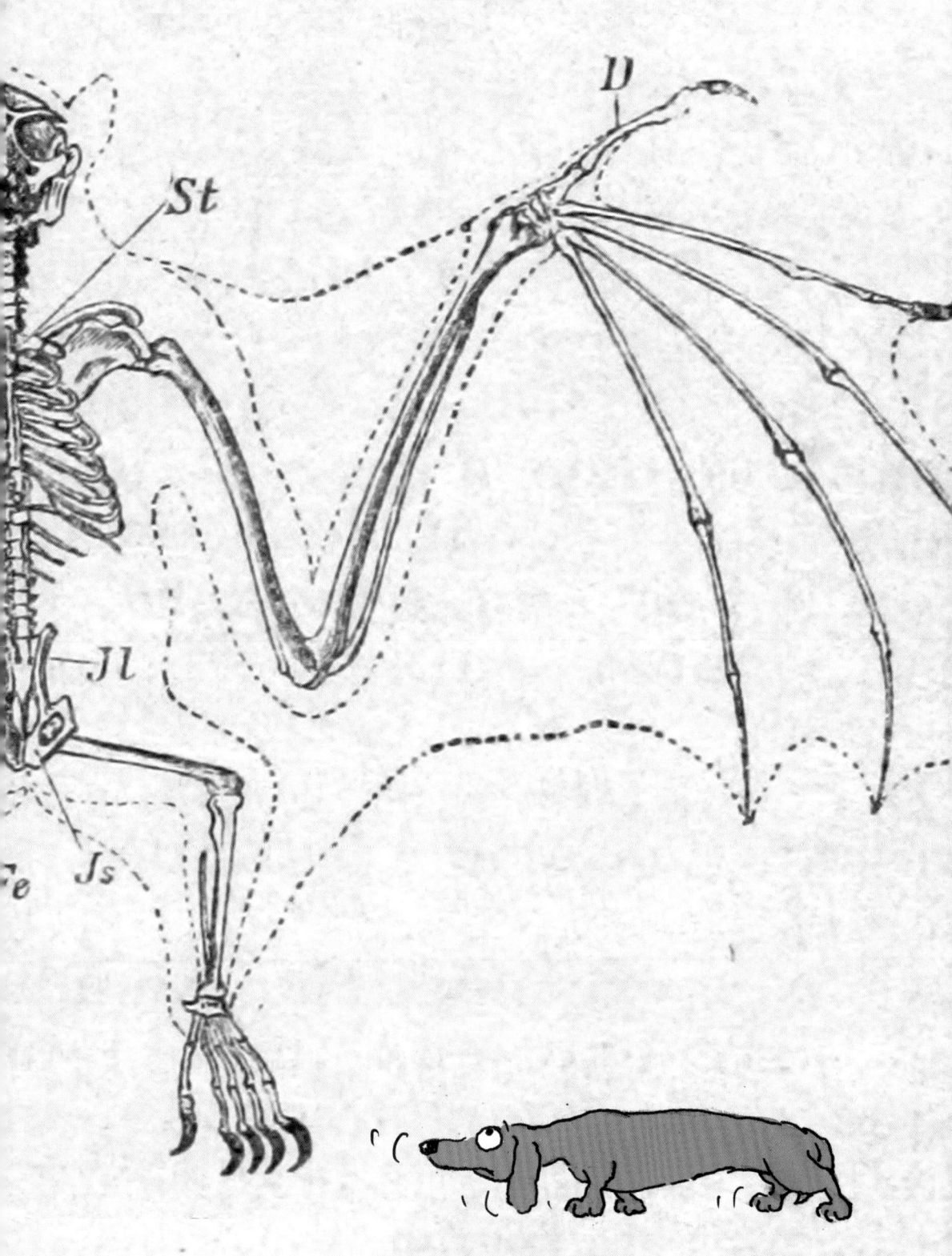

Endlich finden sie einen Ort, der ihnen gefällt.

Sie sind so froh.

»Juhuuuu!«, rufen sie. »Eine ganze Seite für uns allein!«

Sie machen es sich bequem.

»So friedlich und still«, bemerkt Lea.

»Genau die richtige Temperatur«, antwortet Finn.

»Wunderbar saubere Luft«, schnuppert Lea.

»Wie konnten wir das hier nur langweilig finden!?«, seufzt Finn.

»Endlich haben wir den perfekten Ort gefunden!«, finden beide. »Alles ist einfach richtig.«

Finn und Lea sind überglücklich.

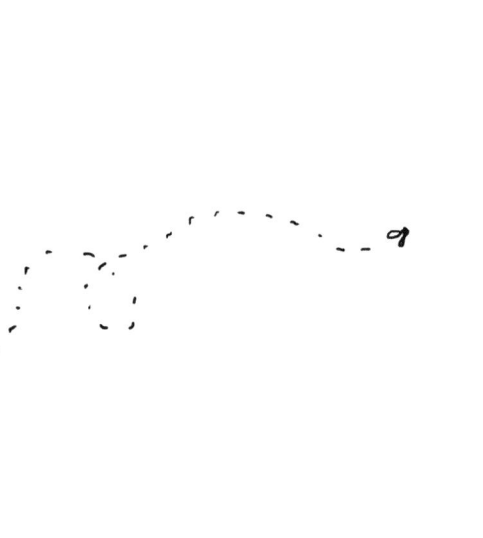

TOM REED, geboren in England, studierte Kunst in Oxford und London und veröffentlichte bisher acht Kinderbücher. Er lebt als freier Bilderbuchautor, Zeichnungslehrer und bildender Künstler in Zürich.

ANDREA FISCHER SCHULTHESS studierte Zoologie und Journalismus. Sie arbeitet als freie Journalistin und leitet seit 2019 das Millers Theater in Zürich.

BILDNACHWEIS: Weitere Informationen zum verwendeten Bildmaterial erhalten Sie unter doerlemann.com/lea-und-finn

Der Dörlemann Verlag wird vom Bundesamt für Kultur
für die Jahre 2021–2024 unterstützt.

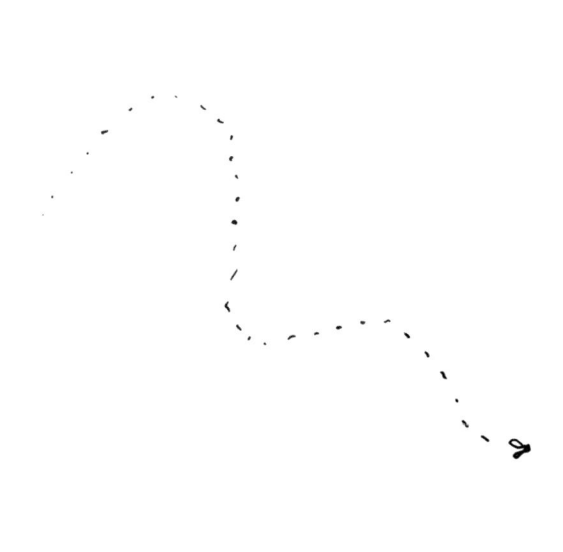